AF316357

BILLAUD-VARENNES

JUGÉ PAR LUI-MEME.

O U

REPONSE

A LA RÉPONSE

D E

BILLAUD-VARENNES.

A PARIS,

De l'Imprimerie de GUILHEMAT, Imprimeur de
la Liberté, rue Serpente, n° 23.

An IIIe de la République.

BILLAUD-VARENNES

JUGÉ PAR LUI-MÊME,

OU

RÉPONSE A LA RÉPONSE

DE BILLAUD-VARENNES.

Egalement inconnu de Laurent Lecointre & de Billaud-Varennes, je me demanderois à moi-même qui me porte à faire part au public de mon sentiment sur le résultat que doit avoir le jugement qui va être prononcé sur les quatre Représentans dénoncés, si la cause qu'a embrassé Lecointre n'étoit en même tems celle de l'humanité souffrante, & pour tout français sensible, celle de la Patrie menacée de retomber dans les déchiremens affreux dont elle est à peine sortie.

Il ne faut, sans doute, que le sens le plus ordinaire pour se convaincre de l'impossibilité où sont Billaud & ses complices de se disculper des dénonciations sous lesquelles ils se replient en tout sens ; mais leurs efforts, aussi vains qu'insensés pour se soustraire au sort qu'ils ont si justement mérité, ne paroîtront surprenans qu'à ceux qui ignorent que des hommes de leur trempe, peu difficiles sur les moyens de la vie, la regrettent, en raison inverse de ce que, dans leur position, elle seroit à charge à tout autre.

Loin d'être accablés du poids de leurs crimes, des scélérats aussi prononcés ne trouvent dans leur souvenir que des forces nouvelles pour en méditer de nouveaux ; ils ne regrettent que les fruits qu'ils s'en étoient promis, & ne reconnoissent le remords qu'à la vue du supplice. Cruels de sang froid, & par caractère, ils sont insolens, tant qu'on a la foiblesse de leur céder ; mais lâches & pusillanimes du moment qu'ils sont démasqués, ils tremblent aux aprêts de la mort. Tremblez donc bourreaux de ma patrie, tygres altérés de sang de nos frères, l'opinion a dressé votre échaffaud ; encore un moment, & celui qui soulagera le sol de la République du fardeau de votre criminelle existence, aura justement porté le nom de vengeur.

En analysant la réponse de Billaud, je me dispenserai de faire ressortir ses savantes applications des fables de la Fontaine, ses triviales citations du billet donné à la Châtre, & fes fades épigrammes, peu nombreufes, parce qu'il avoit befoin d'électeurs ; mais noyées dans un flux de redites, de contra-dictions,plus fouvent d'impoftures,& prefque toujours de difgreffions, qui n'ont aucuns rapports aux faits qui lui fent imputés.

Suivons Billaud dans fa marche, & com-mençons, avant tout, comme il le demande, par lui donner la folution qui paroît tant l'embarraffer.

Billaud ne comprend pas comment dans fa dénonciation, Lecointre fe permet d'amal-gamer deux comités chargés d'opérations diftinctes & de faire un triage de certains membres dans ces deux comités, pour les accufer cumulativement des faits qui font de l'attribution tantôt d'un comité, tantôt de l'autre.

Cette demande, qui, bien que de mauvaife foi, eft ce que Billaud a de mieux écrit dans le cours de fa volumineufe défenfe, a de plus l'avantage d'être affez captieufe; & préfentée par cette perfide adreffe, fous le faux jour qui lui eft donné, elle pourroit au premier abord paroître revêtue de quelques formes fpécieu-fes ; il ne fera pas difficile de la produire fous le point de jour qui lui convient, & de lui

faire perdre tout le faux éclat dont Billaud a
si bien sçu s'environner.

En effet , pour s'arrêter à une observa-
tion aussi vicieuse , il faudroit n'avoir aucune
idée des divisions du travail des comités,
& être assez crédule ou assez inepte pour
ajouter foi aux absurdités choquantes de
Billaud-Varennes. Croit-il en imposer à la
nation entière sur la nature des opérations
de ces deux comités sur lesquels l'intérêt
national a toujours fixé l'attention ? Croit-
il rendre communs à tous les membres
qui avoient chacun leur division, les crimes
& les horreurs qui n'ont pu être dirigés que
par son génie destructeur & celui de ses co-
accusés ? Pense-t-il qu'on ignore que , quoique du comité de salut public, Carnot, Prieur
& Lindet n'ont jamais voulu s'associer aux
assassinats multipliés & aux barbaries exécra-
bles de Billaud , de Barrère & de Collot-
d'Herbois ; & s'ils se sont courageusement
refusés à signer l'arrêt de mort des représentans qui ont subi le supplice des conspirateurs , parce que les meneurs du comité en
banissoient les formes juridiques, les accu-
sera-t-on d'avoir participé aux boucheries
surnommées *révolutionnaires,* de ces malheu-
reuses victimes dont la plûpart ont péri sans

foupçonner même les motifs de leur arresta-
tion ? Non le comité n'a point fait un triage
de certains membres dans le comité de falut
public ; mais il n'a accufé que les coupables.
Devoit-il, révolutionnairement auffi, comp-
tant pour rien la vie des innocens , ne pas
s'arrêter au minutieux détail qu'entraine néceffairement une diftinction qui n'a pour uni-
que réfultat que d'arracher au fupplice quelques individus dont l'exiftence eft fi peu
indifpenfable à l'intérêt de la chofe publique ?
fans doute, Lecointre , il étoit bien plus
fimple d'accufer tout le comité en maffe,
& de laiffer à la poftérité le foin de réhabi-
liter la mémoire de ceux qui n'auroient
qu'augmenté le nombre des victimes , indifpenfable dans une auffi grande révolution.

Il eft évident que Billaud voudroit enve-
lopper dans fa caufe tous les membres des
comités dont il faifoit partie avec fes co-
accufés. En augmentant le nombre des coupables , il fe flatte de paralyfer le cours de
la juftice ; ou fi on refufe de lui prêter ce
deffein peu délicat , il faut donc croire que
la paffion & la fureur de faire de victimes
le pourfuivent jufques dans fes pitoyables
moyens de juftification.

Paffons aux réponfes de Billaud , aux

inculpations cathégoriques de Lecointre : il fuffira de les parcourir rapidement pour en démontrer le vuide & la mauvaife foi.

Je ferai forcé de fuivre une marche capricieufe : c'eft celle de Billaud. Il commence par refuter le 27e. chef d'accufation, puis il place une longue période, qni préfente le tableau fucceffif des différentes pofitions de la France, & des fervices importans qu'il lui a rendu. Il commence au moment où le comité de falut public donne *des chevaux de pofte à une armée* pour aller fecourir Dunkerque bombardé, & finit à celui de l'établiffement de l'école de Mars ; puis enfin il reprend la férie des chefs d'accufation.

- Dénoncés d'abord pour n'avoir pas tenu des regiftres de leurs arrêtés, ou pour les avoir fupprimés, Billaud répond que cette inculpation retombe fur le chef général des bureaux ; il nie enfuite le fait fur lequel porte la queftion, en affurant avoir connu ces regiftres ; mais ils ne fe trouvent pas ! mais s'ils ont exifté, le chef général des bureaux n'avoit aucun intérêt de les faire difparoître ! Mais fi quelqu'un doit en être violemment foupçonné, ce font néceffairement ceux qu'ils auroient

accufés. En avouant qu'ils ont exifté, puif-
qu'ils ne fe trouvent plus, Billaud fe con-
damne lui-même.

Je paffe ici environ quarante pages que
Billaud emploie à faire la longue & faf-
tidieufe énumération des prétendus fervices
qu'il a rendu à la chofe publique, qu'il
remplit à fatiguer fes lecteurs de fon dé-
fintéreffement, de fa modeftie à ne jamais
parler de lui, de fa vie retirée, de fon
affectation à fuir les hommes à brillante
réputation, Robefpierre lui-même, de la
haine enfin qu'il a toujours porté aux trois
confpirateurs, Couthon, Saint-Juft &
& Robefpierre. S'il eft des affertions affez
abfurdes pour ne pas exiger de réponfe,
on croira fans peine que celles-ci font du
nombre ; d'ailleurs celui qui a eu le cou-
rage de lire, jufqu'à la fin, des impoftures auffi criantes, & la patience de ne
pas jetter au feu le livre qui les conte-
noit, doit au moins être difpenfé d'y revenir encore une fois, & de s'appefantir
fur des détails auffi dégoûtans.

Pour repouffer l'accufation d'avoir étendu
le fyftême d'oppreffion jufques fur les membres de la Convention, Billaud répète
fans ceffe que cette inculpation ne porte

ñullement fur les membres accufés, mais fur les trois confpirateurs dont les têtes font tombées ; il tire fa preuve convictive des divifions qui ont exifté entr'eux & qui ont éclaté le 9 Thermidor.

Il faut être bien coupable pour avoir recours à des moyens auffi dénués de vrai-femblance. Sans contredit, Billaud, vous avez été divifés, on vous l'a déjà dit, & toute la France le fait ; mais la ferez-vous remonter plus haut que quelques jours avant la mort de Robefpierre, cette divifion qui n'eût jamais eu lieu fi vous aviez été d'accord fur le choix de vos vic-times? Impofteur mal-adroit, étiez - vous divifés, quand, tous les jours, miniftres de vos volontés infernales, un tribunal encore dégoûtant de vos crimes, envoyoit à la mort des milliers de Français ? Etiez-vous divifés, quand vous écriviez à Bor-deaux qu'il n'étoit pas encore temps de mettre la juftice à l'ordre du jour ? quand vous y prefcriviez à un tribunal de fang, caffé par l'humanité d'un repréfentant, & rétabli par vous dans fes fonctions hom-micides, de ne plus condamner à une amende pécuniaire les habitans fufpects, mais de les envoyer à la mort? Etiez-vous

divifés, quand des horreurs dont les anna-
les de l'hiftoire ne préfentent pas d'exem-
ples & que la poftérité fe refufera à croire,
ont été commifes, fous vos aufpices, à
Bédoin, à Orange, à Lyon, à Nantes, à
Bordeaux?...... Mais que dis-je, & que
citai · je le nòm de quelques villes plus
malheureufes que les autres! Eft-il une
commune de mon infortunée patrie, qui
n'ait vu couler le fang innocent qui crie
vengeance contre ce qui refte de fes exé-
crables bourreaux? & vous avez été divifés!
Dieux! quel funefte accord au milieu de
vos divifions! L'intérêt, la jaloufie & l'am-
bition vous ont divifés, &, s'il t'en faut
croire, Billaud, vous n'avez été unis que
pour le meurtre & les affaffinats. Quoi!
vous n'avéz pu être unis que par le défir
égal en chacun de vous, de changer en
un vafte cimetière, le plus bel état de
l'univers! & telle a été en vous la force
de la même paffion pour le crime, qu'elle
a pu établir une union entre des monftres qui n'ont jamais connu, d'autre jouif-
fance que celle de fe baigner dans le fang
de leurs femblables. Quoi, Billaud, tu
ofes avec tes complices, invoquer, pour
votre commune juftification, vos divifions,

à l'époque qui a fauvé les Français ! Mais je veux croire à ces prétendues divifions ; je veux même publier ton innocence, fi ta fertile imagination peut m'offrir l'idée de quelques forfaits en horreur à la nature & à l'humanité, dont tes mains ne foient pas encore fumantes, & dont tu n'ayes partagé l'exécution avec les trois confpirateurs que tu devois fuivre à l'échafaud.

Lecointre vous accufe d'avoir defpotiquement tyrannifé les opinions de la Convention, en ne permettant aucune difcuffion fur les lois préfentées par le comité de falut public ; & c'eft à ce chef d'accufation que toute la France eft à même de juger que Billaud a l'impudeur de répondre par un démenti formel. Il objecte, comme une preuve fans replique, que la loi du 14 frimaire a été foumife à quelques débats.

On a peine à concevoir comment un homme, qui ne fait pas écrire fans annoncer des prétentions aux connoiffances & à l'efprit, a pu fe permettre de livrer à l'impreffion une réponfe auffi infignifiante. On eft encore à deviner ce qu'il a voulu prouver par un fait ifolé & que mille autres détruifent. Sont-ce vos lois fanguinaires que vous avez foumis à l'examen de la Convention ? Oferiez-vous citer la loi du 27 germinal, qui a profcrit plus de cent mille familles, & que vous avez annoncé à la Convention, comme fi elle n'eût pas eu le droit de la difcuter ; ou citeriez-vous celle qui a voulu livrer nos prifonniers de guerre à la hache du boucher & au fer de l'affaffin, & qui a tenté, mais en vain, de changer en bourreaux mercenaires, nos braves foldats que vous avez cru capables de marcher fur vos traces ; ou parlerez-vous de celle du 22 prairéal, dans laquelle vous n'avez pas craint de lever totalement le mafque, en banniffant toutes formes juridiques de ces bǎins de fang, dans lefquels vous avez dit hautement que vous vouliez régénérer la France ?

Plus prudent, lorfqu'on l'accufe de s'être entouré de gens perdus de crimes, de leur avoir donné des pouvoirs en blanc & d'avoir autorifé leurs forfaits, Billand laiffe entrevoir que l'accufation peut être difficile à écarter ; mais il a foin de rejetter les faits qu'il fait être à l'appui de cette affertion, fur les membres de l'an-

cien comité de sûreté générale, qui y ré-
pondront, comme ils le jugeront à propos.
Quoiqu'ici, comme par-tout ailleurs, on
reconnoisse la mauvaise foi de Billaud,
on ne doit pas lui en vouloir : il est des
circonstances impérieuses où on se voit
forcé d'avoir recours à de semblables faux
fuyants. Je suis persuadé, qu'il désireroit,
autant que personne, avoir pu mettre plus
de franchise dans ses réponses ; je crois
qu'il eût été plus agréable pour lui de
prouver que le comité de sûreté générale
est le seul qui ait employé des agens cri-
minels & ait autorisé leurs vexations ; je
crois qu'il eût bien mieux aimé ne pas
éluder la question & démontrer clairement
que ce fait ne porte pas autant sur le
comité de salut public que sur celui sur
lequel il voudroit le rejetter exclusivement.

Vous avez couvert la France de prisons,
de mille bastilles ; vous avez rempli de
deuil la République entière, par l'incar-
cération de plus de 200,000 citoyens,
de pères de famille , d'infirmes , d'octo-
genaires, même de défenseurs de la patrie.

Billaud , comment as-tu pu essayer de
détruire ce chef d'accusation ? tu demandes
des pièces qui en attestent l'authenticité !

Malheureux ! jouis donc encore du plaisir féroce de contempler ces tristes victimes que tu as si long-tems fait gémir dans des cachots, & auxquels, avec le concours de tes agens & de tes complices, tu as fait souffrir mille morts, en l'offrant tous les jours à leurs yeux, en attendant que ton caprice ou le hasard décidât des prétextes qui couvriroient leur condamnation & du jour où ils marcheroient au supplice. Appelle-la donc à Paris cette foule innombrable d'infortunés que ta rage avoit proscrit ; fais entendre leur témoignage : leur nombre seul peut égaler celui de tes forfaits : les sillons que la douleur a imprimé sur leurs joues, leur voix plaintive & leurs gémissemens sont le seul témoignage, la seule pièce probante qui manque à l'arrêt de ta mort.

Les 9e & 10e chefs d'accusation portent sur la loi du 22 prairéal, dont Billaud & ses complices voudroient en vain rejetter toute l'horreur sur Roberspierre, qu'ils assurent ne les avoir pas consultés sur la proposition impérieuse d'une loi aussi barbare. Lorsqu'on ne marche qu'à côté de la vérité, il est rare qu'on ne laisse pas quelque trace de la fourberie : ici Billaud n'est pas conséquent ; nous allons prouver qu'il se contredit complettement. Il dit (page 56) qu'ils n'ont pas eu de connois-sance positive du projet de Roberspierre , & qu'ils n'ont pu prendre des délibérations; mais (page 55) il vient d'écrire, en lettres italiques, que Fouquier-Thinville parla de ce projet au Comité de Salut Public à Collot, Barrere, Carnot & Billaud , qui répondirent formel-lement : *que cet objet regardoit Roberspierre.*

Vous aviez donc connoissance de ce projet, puisque vous déclarez qu'il regarde Robers-pierre ? à prendre cette réponse dans le sens littéral , c'est celle de plusieurs membres, qui d'accord sur un projet de décret, en ont confié la rédaction à un autre ; de cet aveu au moins résulte-t-il que vous étiez assez ins-truit pour représenter à Robespierre ce que cette loi avoit d'atroce , si c'eût été votre sen-timent. Vous ne pouviez pas en ignorer les dispositions, puisque votre réponse a été né-cessitée par les *observations de Fouquier.* C'est donc une imposture que vous avancez (p. 56) en affirmant que *vous n'en avez pas eu de con-noissance positive* : car des observations sur un projet de loi doivent en donner une parfaite connoissance.

Votre seconde assertion qui porte que vous n'avez pas été à même de prendre de délibé-

rations

rations à ce fujet, eft encore une nouvelle impofture : car, pour fuppofer avec Billaud, que lui, Barrére & Collot, loin d'être d'accord avec Roberfpierre, n'attendissent que le moment où il leur feroit part de fon projet pour le combattre & lui refuser fon approbation, il faudroit que Billaud, toujours (page 56) ne nous apprît pas qu'ils eurent cette occafion au Comité de Salut Public où Fouquier le difcutant avec Robefpierre, celui-ci fut obligé d'arrêter la difcuffion, en déclarant que des ariftocrates feuls pouvoient parler ainfi; que Prieur, *Barrere*, *Collot &* *Billaud, préfens à ce débat, gardèrent tous le filence.*

On voit qu'il fuffit de rapprocher les expreffions de Billaud pour conftater fes nombreufes impoftures, pour prouver que la loi du 22 prairéal n'eft pas exclufivement l'ouvrage de Robefpierre, & que tous les membres du Comité y ont participé. Il eft inutile à cet égard d'ajouter avec Lecointre que les mêmes membres étoient préfens lorfque la loi fut annoncée à l'affemblée, & qu'ils furent les premiers à s'oppofer à l'impreffion & à l'ajournement.

Dans les 11e & 12eme articles qui accu-

B

sent Billaud & les membres dénoncés d'avoir ouvertement protégé Pache, en arrêtant l'effet d'un mandat d'arrêt contre lui, en intimant à Fouquier l'ordre de ne jamais le mettre à exécution; d'avoir également souftrait à des mandats d'arrêts Henriot, Mathieu, Lubin & Gobaut, impliqués dans l'affaire d'Hébert, & contre lefquels il y avoit des charges très-graves aux Comités : Billaud fe contente de répondre que cette dénonciation a été rejetée par la Convention. Sans doute elle a été rejetée : la dénonciation en entier a même été déclarée calomnieufe : quelle conféquence Billaud prétend-il en tirer ? Je l'ignore : les reffources de mon imagination n'ont rien de commun avec les fiennes. Cependant il me femble qu'il n'y en a qu'une. J'y vois que les Jaccobins fouilloient encore la république de leurs impures vociférations, qu'ils dictoient encore à la Convention les décrets qui autorifoient leurs dilapidations & le régime affreux de terreur qu'ils avoient répandu fur toute la furface de la République ; que Collot, Billaud & Barrère étoient les chefs de cette fecte infernale, & que fous le règne des jacobins, une dénonciation contre les chefs de ce parti, ne pouvoit qu'être

déclarée calomnieuse. Mais les faits dénoncés par Lecointre en font-ils moins authen-
tiques ? Lecointre en a-t-il moins prouvé
la complicité de ceux qu'il dénonce avec
Pache, Henriot, Mathieu, Lubin & Gobaut
leurs protégés, qui, comme eux, n'étoient
que les créatures de Robespierre, & qui,
comme eux, étoient attachés à son char
contre-révolutionnaire & tyrannique.

La conduite qu'ont tenu les membres
du comité de salut public, à l'époque du
jugement de Danton, Lacroix & autres
représentans, est un chef d'accusation qui
porte sur des faits non moins horribles que
les précédens. Les détails en font trop
connus pour que je croye devoir y revenir
& prouver qu'ils n'avoient pas le droit de
fouler aux pieds la loi établie chez tous
les peuples, qui veut que les plus grands
coupables soient entendus. Je me conten-
terai d'observer à Billaud, à Collot & à
Barrere, qu'il est bien étonnant qu'après les
forfaits inouis qu'ils ont accumulés, ils
obtiennent dans leur jugement des formes
aussi environnées d'entraves & de lenteurs,
eux qui ont précipité tant de représentans
à l'échafaud, eux qui par leur influence

despotique sous laquelle ils faisoient courber la Convention, les ont privé du droit imprescriptible de faire entendre leur justification, eux qui leur ont refusé les témoins qu'ils ont voulu faire entendre dans les tribunaux, & ont substitué à leurs justes réclamations, de faux rapports qui les déclaroient en révolte.

Les articles 15 & 16, inculpant nominativement d'autres membres que les trois membres du comité de salut public, je passe au 17.e & 18.e chefs d'accusation, qui portent qu'ils ont fait mettre en jugement cinquante à soixante personnes, en même temps, pour des délits différens, & qu'ils ont ordonné à l'accusateur public de faire juger, dans les 24 heures, tous les prévenus de la conspiration, dite des prisons.

Sans doute que dans une inculpation de cette nature, le témoignage le moins récusable & le moins équivoque doit être celui de Fouquier Thinville, accusateur public près le tribunal révolutionnaire. Par les rapports de sa place, il a dû se trouver sous le voile qui a couvert les intrigues & les inventions atroces qui ont fait couler tant de sang innocent, & entretenu les guillotines dans une activité qui fait frémir d'horreur. Il a dû être un des premiers inftrumens, tant des vengeances perfonnelles de ces monftres à figure humaine, qui ont laiffé loin derrière eux les Néron, les Claude & les Calligula, que de leur infatiable paffion pour l'effufion du fang humain.

Cependant ce font les déclarations de Fouquier que Billaud trouve illégales & inadmiffibles ; il prouve fur-tout combien peu une de fes déclarations mérite qu'on y ajoute foi, en ce qu'elle n'eft pas revêtue d'une *formalité indifpenfable*, de la date du jour où elle fut écrite..... En vérité d'auffi pitoyables raifons feroient prifes pour de mauvaifes plaifanteries, fi on pouvoit avoir l'idée que Billaud fût capable de plaifanter, en portant le pied fur le premier échellon qui le conduit à l'échafaud.

Malgré Billaud, prenons la chofe au férieux, & demandons-lui ce qu'il répondra à des pièces datées & pourvues des formalités qu'il exige.

Sous les fcellés appofés fur les papiers de Fouquier, il a été trouvé un arrêté du comité de falut public, daté & figné des

trois membres accusés, qui enjoint à Fouquier
de faire mettre en jugement, dans les 24
heures, tous les prévenus de la conspiration dite des prisons, qui étoient au nombre
de 155. Ce ne fut que sur les prudentes
observations de Fouquier qu'on craignit
d'exaspérer l'opinion publique & qu'on lui
permit de les faire exécuter en trois jours.
On conçoit bien que si Billaud se fût
permis de nier l'existence de cet arrêté
sanguinaire , il eût laissé contre lui une
pièce trop convaincante de son imposture ;
aussi a - t - il préféré prendre le parti de
justifier cet arrêté sanguinaire ; pour essayer
d'y parvenir , les assertions les plus ex-
travagantes , les plus contrastantes avec
des vérités connues de toute la France ,
ne lui répugnent pas & ne lui coûtent rien.
Le croira-t-on ? il porte l'impudence jusqu'à
vouloir prouver que ces prétendues conspirations, qui n'ont jamais existé que dans
son imagination féroce & dans celle de ses
complices, ont effectivement menacé les
jours de la Convention nationale & né-
cessité leur arrêté. Il déclare lui-même qu'il
eût désiré pouvoir presser le jugement des
conspirateurs de la prison du Luxembourg ;

qu'il eût été coupable de rester indifférent
dans cette circonstance. Voilà quels sont
sont les moyens de défense de Billaud,
sur ce chef d'accusation ; il se borne à
vouloir prouver l'existence de ces prétendues conspirations, que personne n'ignore
avoir été une des plus belles inventions
du génie de Robespierre, invention infernale, au moyen de laquelle il a envoyé
au supplice, comme coupables d'avoir con-
juré sa mort avec l'amiral, plus de 150
personnes qui n'avoient jamais connu ni
le nom ni la figure de cet amiral.

Sur l'accusation d'avoir démenti à la
Convention les dénonciations faites contre
Joseph Lebon, d'avoir fait un rapport
infidel sur sa conduite & d'avoir déguisé
ses cruautés, Billaud répond qu'ils ont dû
prendre cette mesure pour empêcher
Robespierre d'entamer la Convention........
S'il étoit possible que des accusés char-
geassent leur accusateur de faire lui-même
à ses dénonciations des réponses qui ne
répondissent à rien, on ne seroit pas surpris
que le comité eût pu faire cette dernière.
Cependant je dois me souvenir que c'est
celle de Billaud, & lui demander comment

il a pu concevoir que la juste punition des crimes de Lebon, eût entamé la Convention. Depuis les dénonciations contre Lebon, Carrier est le seul représentant dont la justice nationale ait fait un exemple, et assurément la mort de Carrier n'a pas entamé la Convention; d'ailleurs en remontant à une époque plus éloignée, combien de fois la Convention n'a-t-elle pas compté parmi ses membres, des conspirateurs et des scélérats qui, en portant la tête sur l'échafaud, ne laissoient plus à Billaud la crainte que la Convention fût entamée, puisque déjà elle l'avoit été plusieurs fois? Mais Billaud devroit bien nous apprendre comment il entend faire accorder cette prétendue crainte avec l'oppression sous laquelle il a fait gémir la Convention et avec les proscriptions dont il a frappé une partie de ses membres; il devroit nous apprendre comment l'humanité a pu se porter à jetter un voile criminel sur les forfaits de Lebon, et comment il prouvera que quelques considérations personnelles, quand bien même il ne seroit pas aussi absurde d'en supposer, ont dû l'emporter sur les accens plaintifs des habitans de cette malheureuse commune, qui crioient vengeance et demandoient justice contre les horreurs de ce prêtre sanguinaire.

Billaud termine sa réponse à ce chef d'accusation, par une idée bien ingénieuse qu'il reproduit, à diverses reprises, sous des couleurs différentes. Il observe qu'il y avoit alors près de cent représentans en mission auprès des armées et dans les départemens, et les interpelle de déclarer s'ils n'ont pas reçu du comité, des instructions contraires à celles qu'on lui reproche d'avoir donné à quelques représentans; c'est-à-dire, que Billaud nous observe que tous les membres de la Convention, alors en mission, n'étoient pas ses complices; car c'est la seule conséquence qu'on puisse tirer de la politique qu'ils ont cru devoir garder auprès des représentans en qui ils ont connu trop de droiture ou d'humanité, pour leur envoyer les ordres qu'ont reçu Collot - d'Herbois à Lyon, Maignet à

Marseille , Lebon à Bedouin , Léonard-Bourdon à Orléans , Carrier à Nantes , etc. etc.

Il est clair que cette assertion ne répond encore à rien ; car , de ce qu'un grand nombre de représentans ont été incapables de s'associer aux horribles travaux du comité de salut public, il n'en résulte pas que ce même comité n'aye présidé et même ordonné , comme mille preuves l'attestent , les crimes de Collot , de Maignet , de Lebon , de Carrier , etc. ; en cela , il n'y a encore rien qui les justifie d'avoir excusé et pallié les atrocités de Lebon dans le sein de la Convention nationale. Il est aisé de voir que toutes les réponses de Billaud sortent de la même plume ; elles s'écartent toutes de la question , ou tentent de la détruire par les impostures les plus mal voilées.

Les trois articles suivans qui pourroient se réduire en un seul chef d'accusation , ont rapport à la journée du 9 au 10 thermidor, à la plus grave des inculpations , à celle de n'avoir pris aucune mesure pour assurer la tranquillité publique, de n'avoir fait arrêter ni Henriot, ni le maire, ni les autres complices de Robespierre. Billaud prouve l'impossibilité où étoit le comité d'effectuer ces arrestations, en ce qu'il ne pouvoit faire arrêter ni le maire par Henriot, ni Henriot par le maire. Cette réponse aussi pitoyable que les précédentes ; suffiroit, comme je l'ai déjà dit plus haut , pour condamner Billaud ; car il est aussi mal - adroit qu'absurde, de dire que le maire seul pouvoit arrêter Henriot , et qu'Henriot seul pouvoit aréter le maire. Quoi ! dans le moment où le comité de salut public influençoit despotiquement la Convention , lorsqu'il tenoit exclusivement les rênes du gouvernement , lorsqu'il disposoit à son gré de la liberté et de la vie de tous les citoyens, lorsque ses arrêtés suffisoient pour casser les fonctionnaires publics et leur nommer des successeurs ! Quoi ! c'est dans ce moment de sa toute puissance, que Billaud ose avancer que ce même comité n'a pu faire arrêter ni le maire, ni le commandant de la garde nationale.

Telle est la substance des moyens que Billaud publie pour sa justi cation. On n'y trouve qu'un verbiage fatiguant, que contradictions, qu'incohérences et qu'impostures grossières. Malgré toute l'astuce dont il a su entortiller ses réponses, on distingue à chaque page l'embarras du criminel terrassé par la force de la vérité. La nature des crimes des accusés a cela de remarquable, qu'ils sont si peu susceptibles d'être déguisés, que sur leur propre justification, et sans connoître les chefs d'accusation qui l'ont nécessitée, ils doivent être condamnés au supplice des plus grands scélérats....... Mais déjà les coupables sont jugés au tribunal de l'opinion..... Déjà la voix du peuple s'est prononcée, et on peut espérer que la vengeance nationale, qui devroit déjà les avoir atteint, ne tardera pas à faire tomber leurs têtes sous le glaive de la justice. Cependant, quoique jugés par le peuple, ils secouent encore au milieu de lui les torches enflammées de la de la guerre civile : leur arrêt est la mort ; et ils conservent encore leurs

places au milieu de représentans d'un
grand peuple qui se dit libre, et qui
ne le sera que lorsqu'il ne souffrira
plus au sanctuaire des loix, ces hommes qui n'ont jamais connu que celles
de leurs passions ; ces hommes dont
les mains fumantes sont encore rouges
du sang Français ; ces hommes féro-
ces, sur lesquels il n'est pas d'être sensible qui puisse jetter les yeux sans
éprouver aussi - tôt un frissonnement
d'horreur et d'indignation.

TRIOLET(*).

Lequel des trois fut le plus sanguinaire,
De Billaud, d'Herbois ou Barrere?
Lequel des trois est aux abois,
De Barrere, Billaud ou d'Herbois ?
Lequel des trois mérite l'échafaud,
De Barrere d'Herbois ou Billaud?

* Extrait du Journal des Lois.

F I N.